CB059951

## REVOLTA DE M[...]

### INFORMAÇÕES COMPLETAS SOB[...]

O COMMANDANTE DO "MINAS GERAES" [...]

### OS ESTRAGOS E MOR[...]

AS PROVIDENCIAS [...]

# O ADEUS DO MARUJO

FLÁVIA BOMFIM

Pallas  Rio de Janeiro | 2024

COPYRIGHT © 2022
Flávia Bomfim

EDITORAS
Cristina Fernandes Warth
Mariana Warth

COORDENAÇÃO DE DESIGN E DE PRODUÇÃO
Daniel Viana

ASSISTENTE EDITORIAL
Daniella Riet

REVISÃO
BR75 | Clarisse Cintra

CAPA
Marinheiro Manoel Gregório do Nascimento, comandante durante a Revolta da Chibata no encouraçado São Paulo

Este livro segue as novas regras do Acordo Ortográfico da Língua Portuguesa.

Todos os direitos reservados à Pallas Editora e Distribuidora Ltda.
É vetada a reprodução por qualquer meio mecânico, eletrônico, xerográfico etc., sem a permissão por escrito da editora, de parte ou totalidade do material escrito.

CIP-BRASIL. CATALOGAÇÃO NA PUBLICAÇÃO
SINDICATO NACIONAL DOS EDITORES DE LIVROS, RJ

B696a
    Bomfim, Flávia, 1979-
      O adeus do Marujo / Flávia Bomfim. - 1. ed. - Rio de Janeiro : Pallas, 2022.
      48 p. : il. ; 23 cm.

      ISBN 978-65-5602-063-1

      1. Cândido, João, 1880-1969. 2. Brasil - História - Revolta da Esquadra, 1910. 3. Literatura infantojuvenil brasileira. I. II. Título.

22-78080         CDD: 808.899282
                      CDU: 82-93(81)

Gabriela Faray Ferreira Lopes - Bibliotecária - CRB-7/6643

Pallas Editora e Distribuidora Ltda.
Rua Frederico de Albuquerque, 56 – Higienópolis
cep 21050-840 – Rio de Janeiro – RJ
Tel.: 21 2270-0186
www.pallaseditora.com.br | pallas@pallaseditora.com.br

Para Bento
o mar
o azul
o sonho
a luta.

O mar é um portal onde nasce a vida,
lugar onde ondulam memórias, sonhos
e também batalhas.

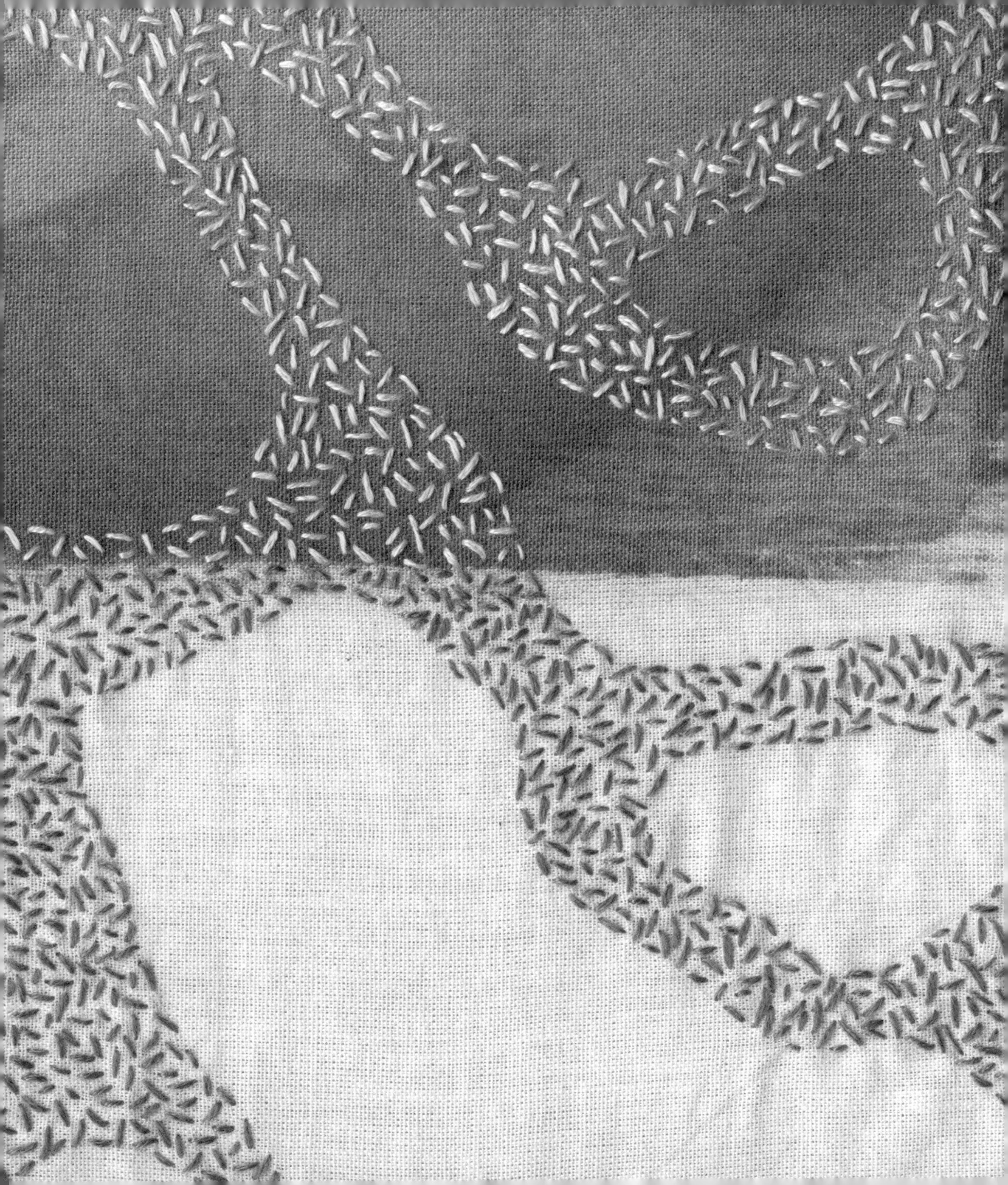

Baía é o mar
abraçado pela terra.

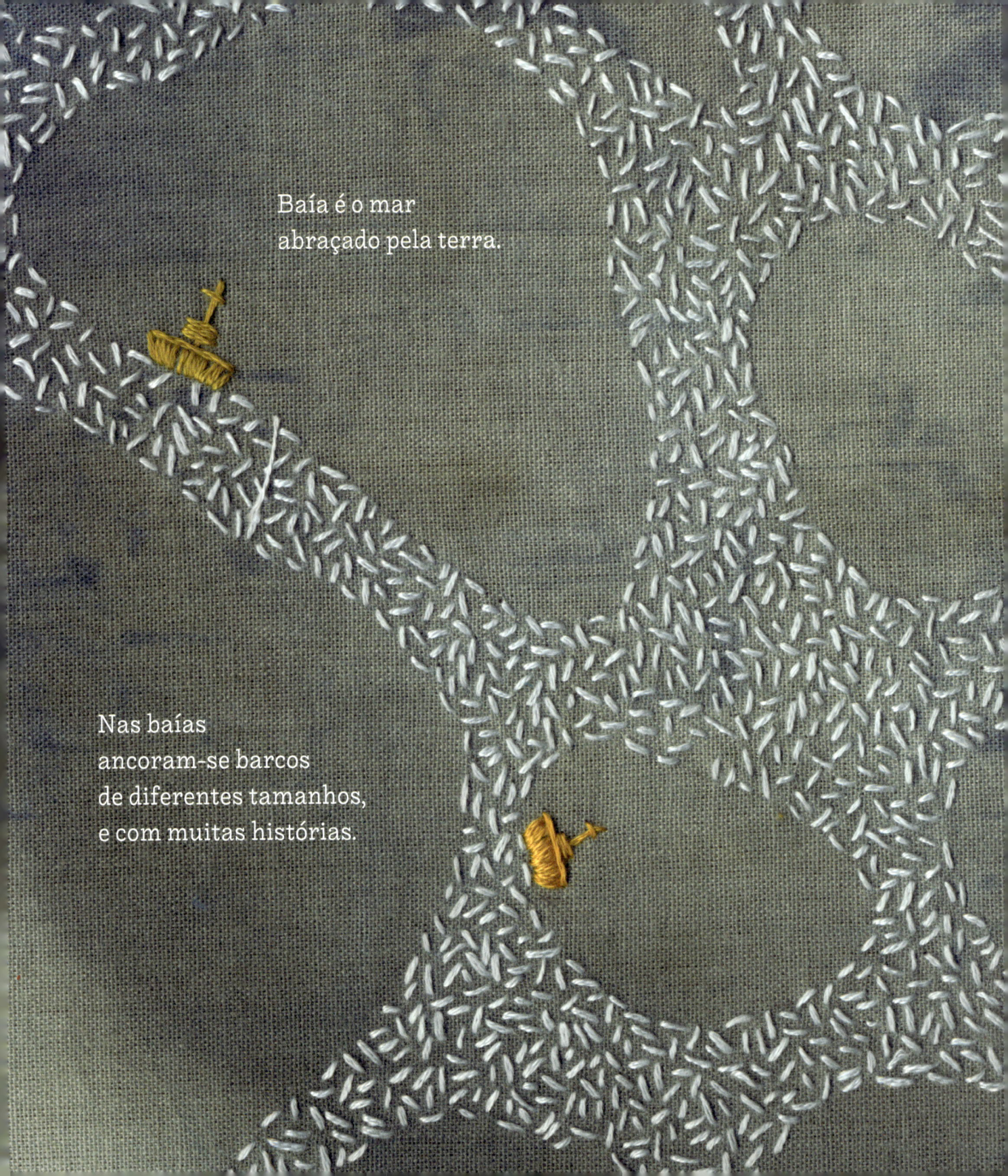

Nas baías
ancoram-se barcos
de diferentes tamanhos,
e com muitas histórias.

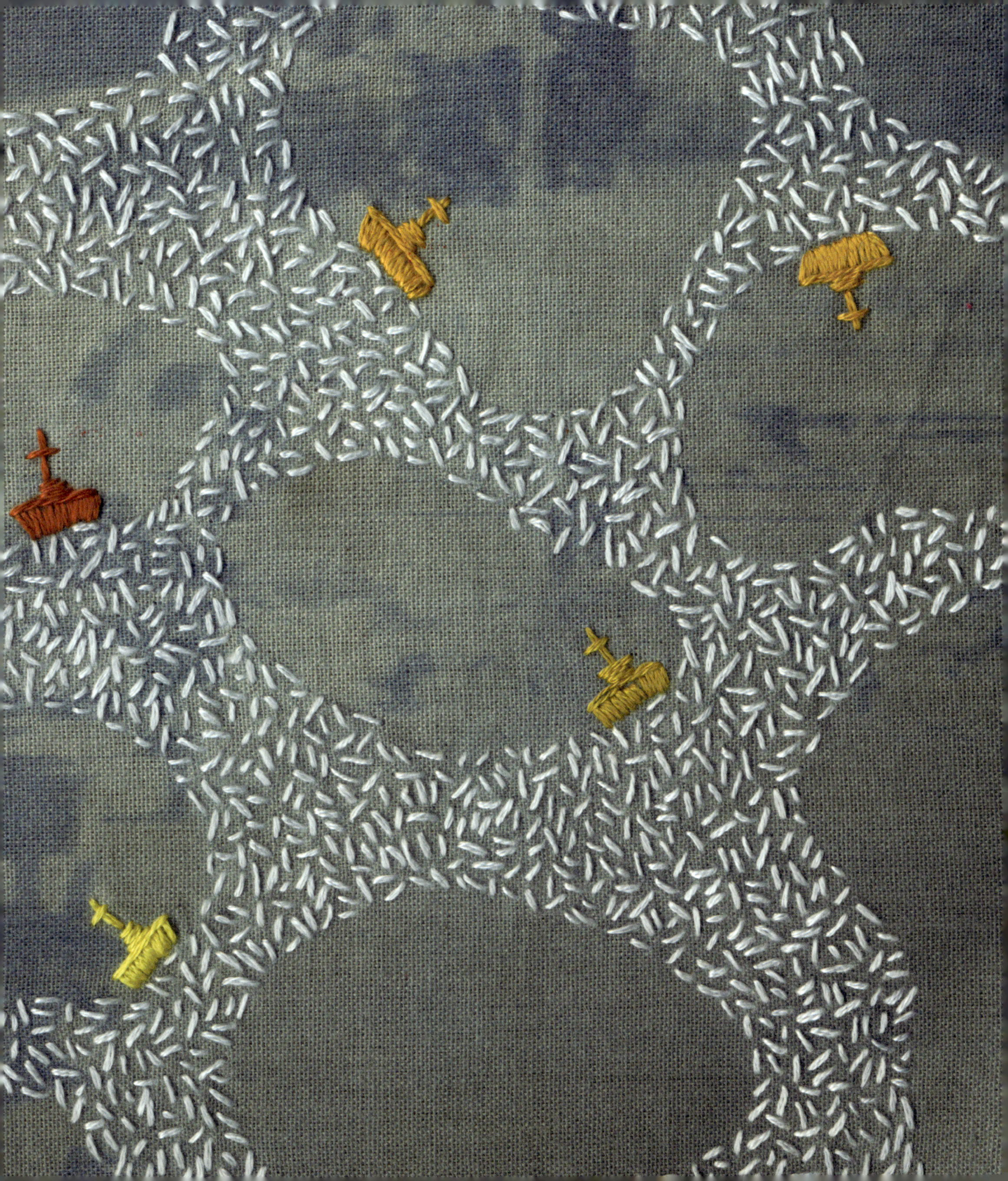

Todo marinheiro é um barco.

Todo marinheiro é um mapa,
uma carta náutica
e um caminho.

Todo marinheiro sabe a rota
dos ventos e das estrelas.

Todo marinheiro gira
como o tempo gira.

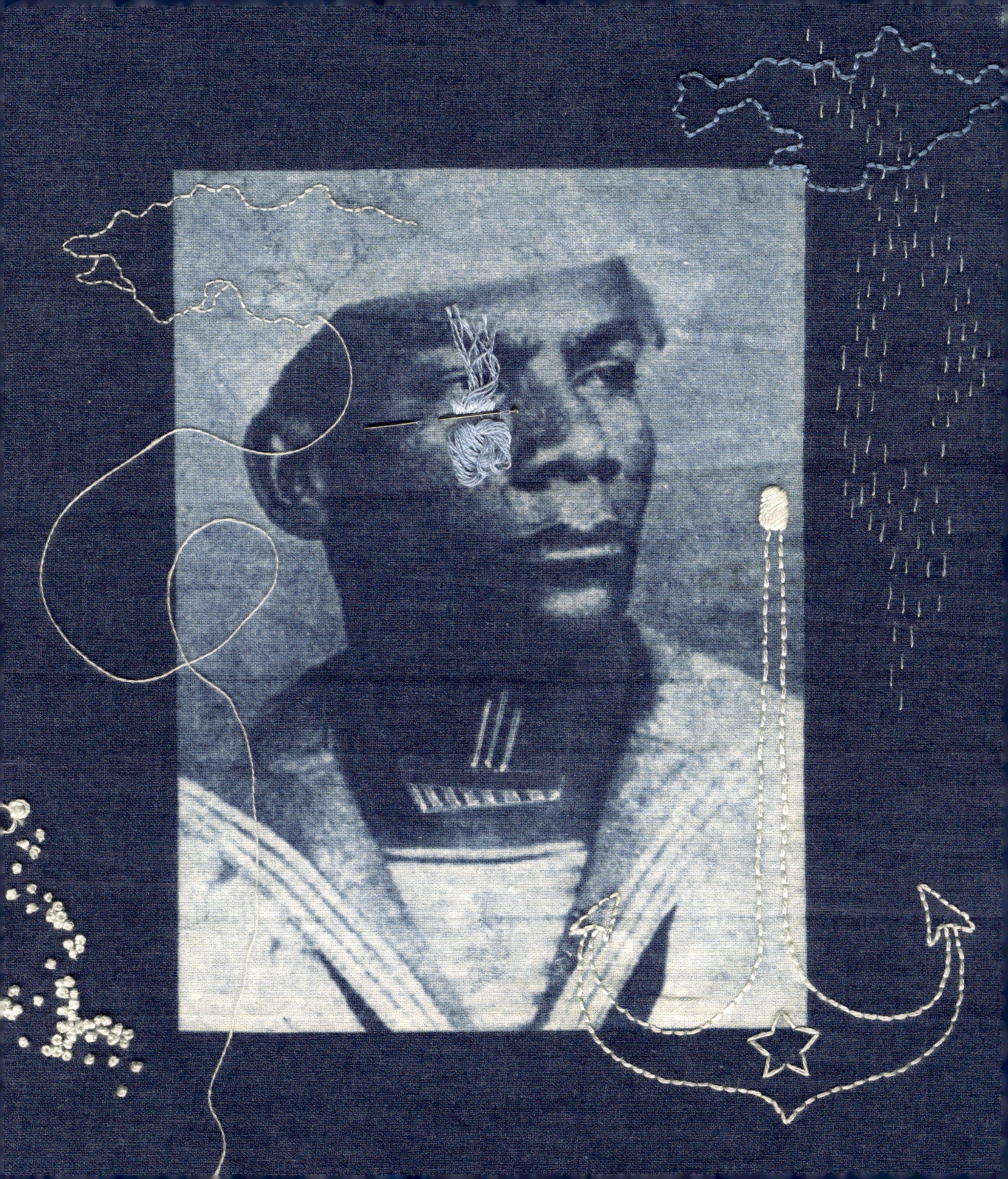

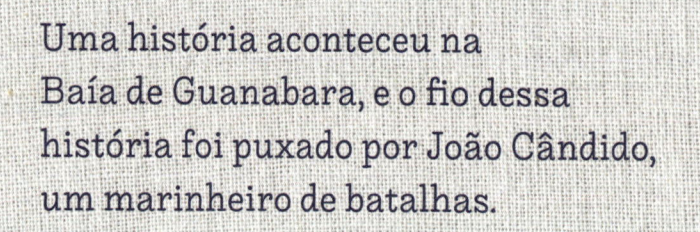

Uma história aconteceu na
Baía de Guanabara, e o fio dessa
história foi puxado por João Cândido,
um marinheiro de batalhas.

Por seu ofício, João aprendeu a atar
e desatar muitos tipos de nós.

Das amarrações feitas com
resistentes cabos e cordas
às delicadas linhas de algodão,
quando costurava e bordava.

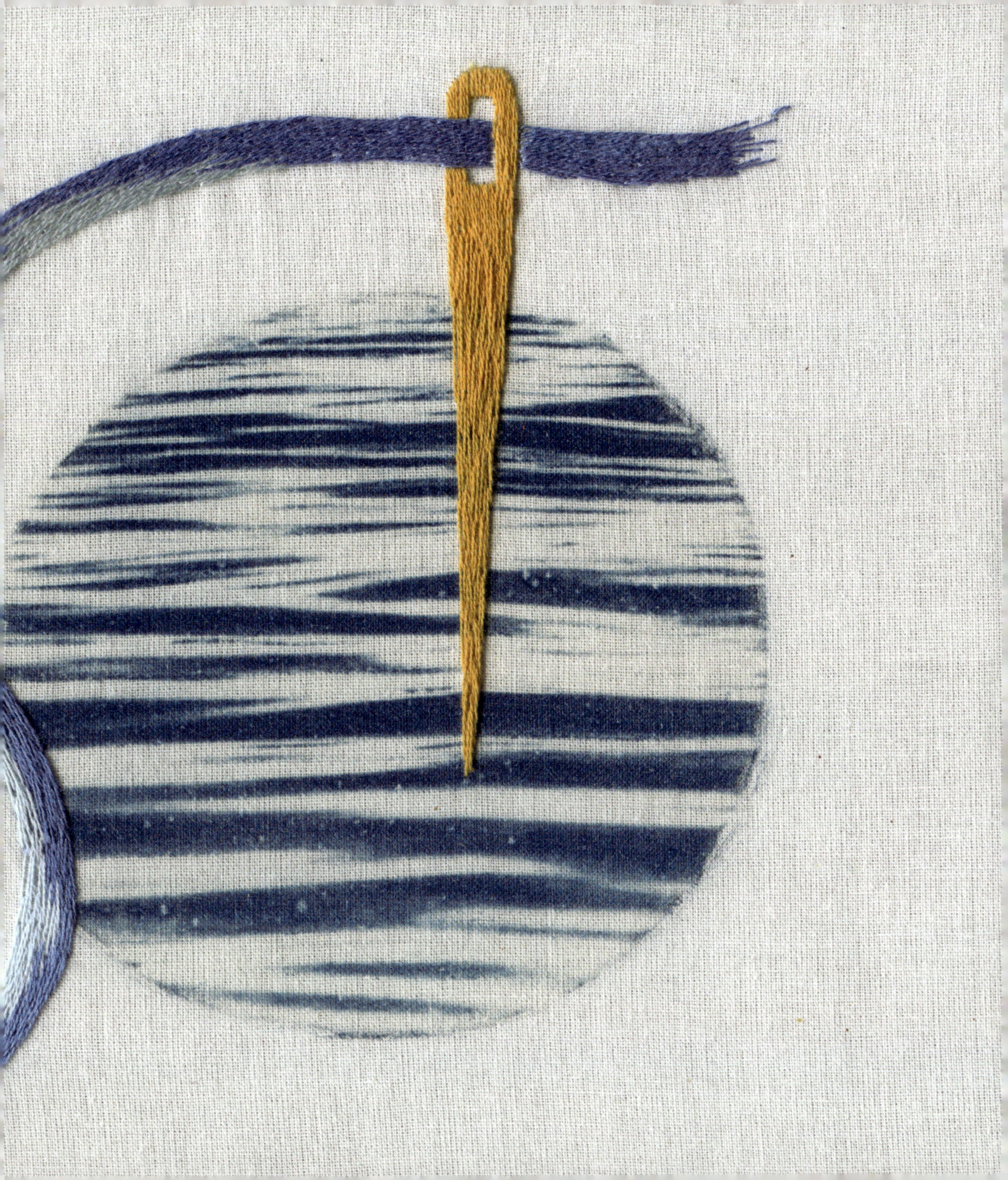

Era início do século XX, e a Marinha do Brasil ainda castigava os marinheiros com o açoitamento por chibatas.

Mas João havia viajado o mundo por correntes e contracorrentes. Conheceu muitos outros mares onde se alimentou de ideias e desejos de mudança.

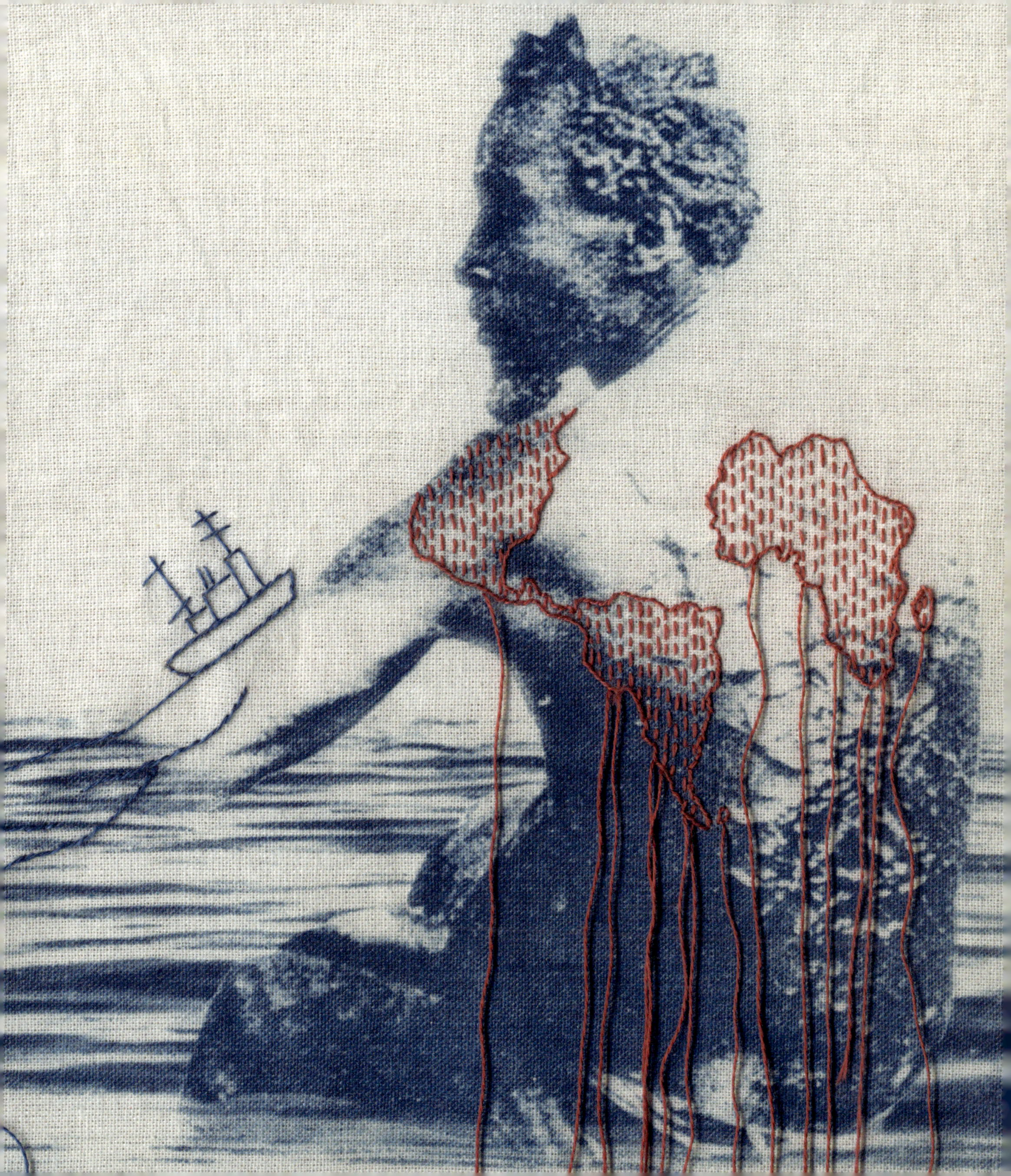

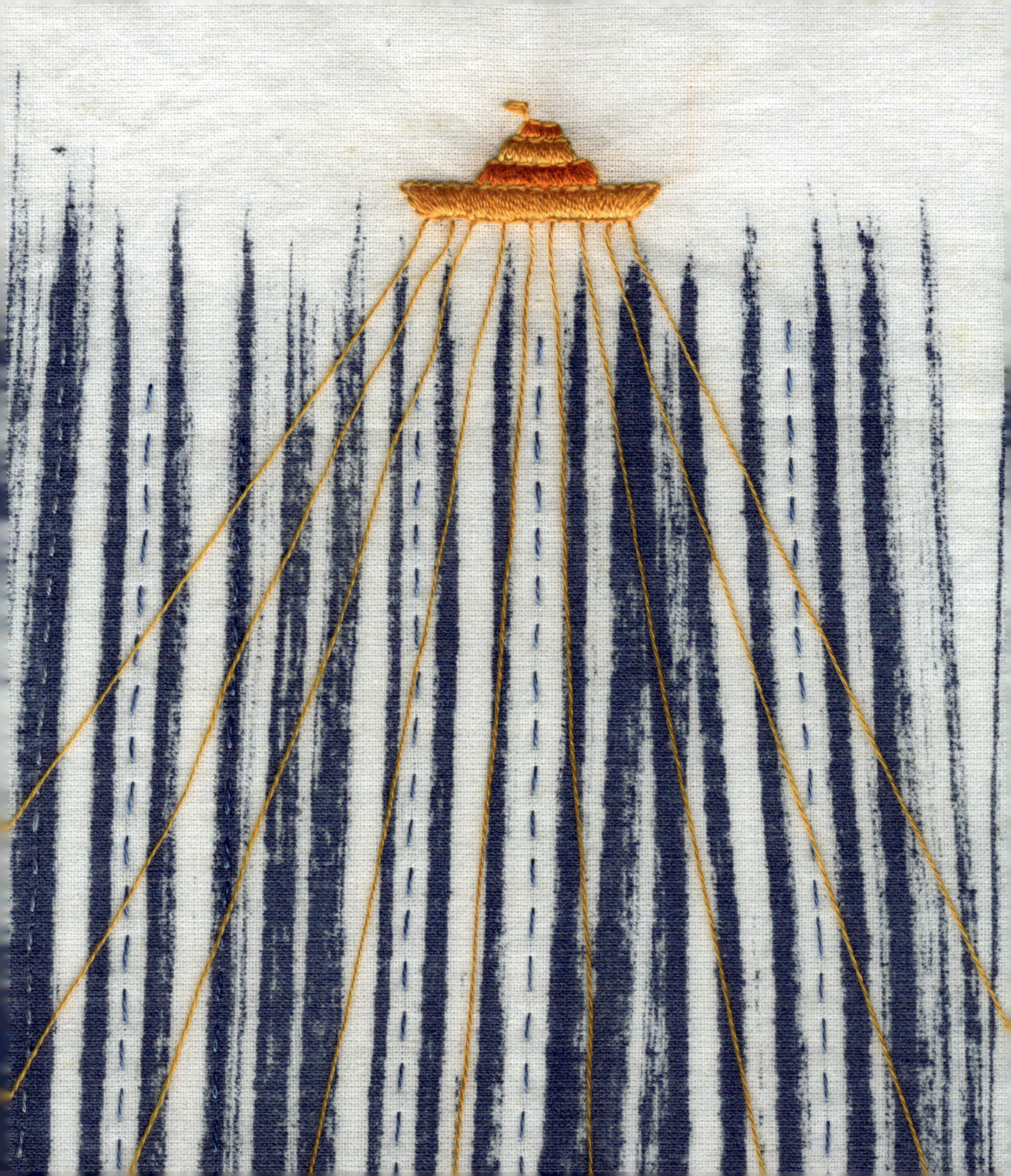

Em uma noite de estrelas, ou talvez de lua cheia,
marinheiros se reuniram, conspiraram e decidiram
lutar contra a precariedade e os maus-tratos.

Suas costas já não seriam suporte para os desenhos
da violência.

Juntos perceberam que os ventos daquele tempo
sopravam diferente, e assobiavam sinais para girarem
o timão para outra direção.

Já eram eles que controlavam o barco, em um mar que testemunhava outros desejos.

COURAÇADO BRAZILEIRO "SÃO PAULO"

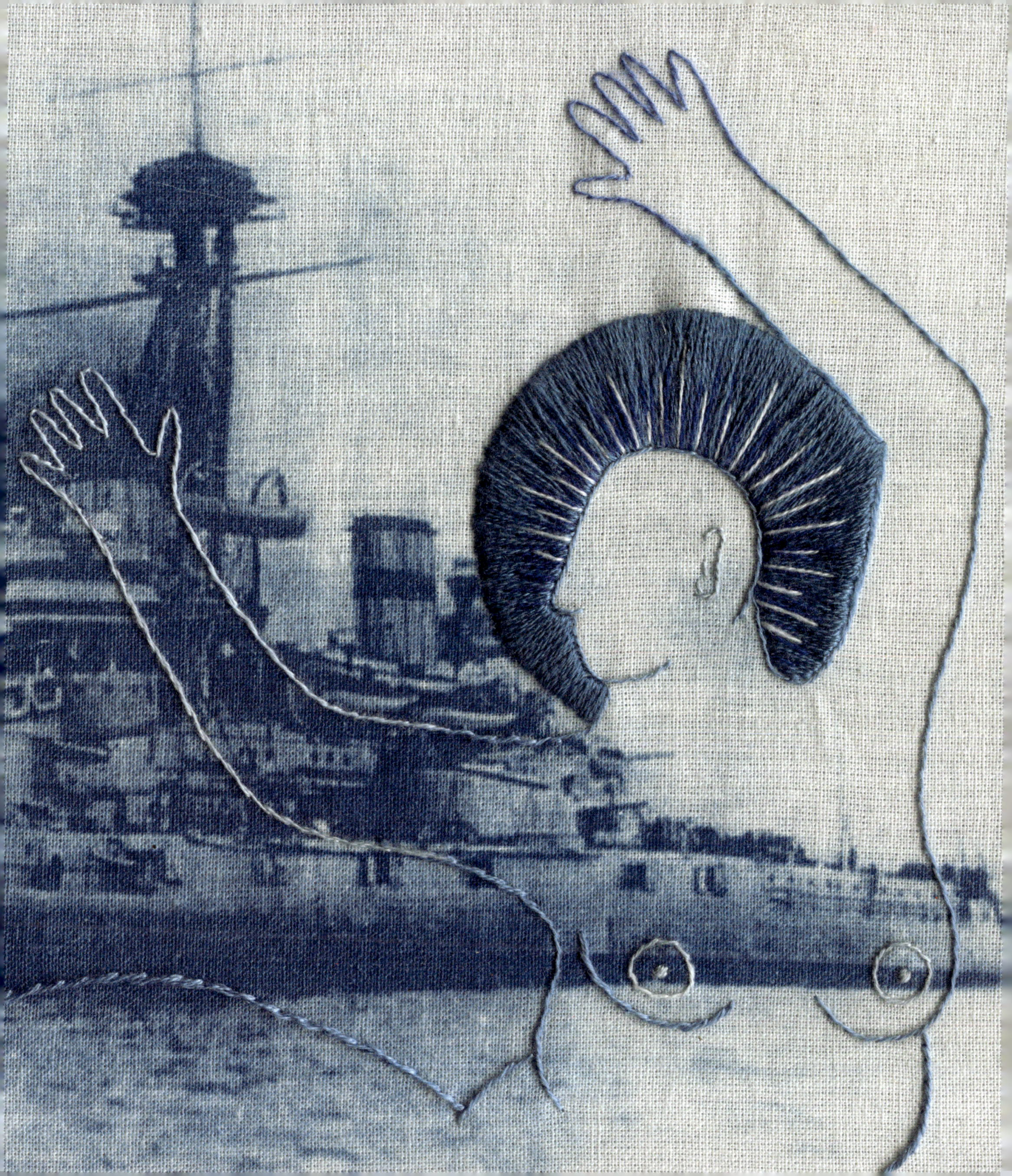

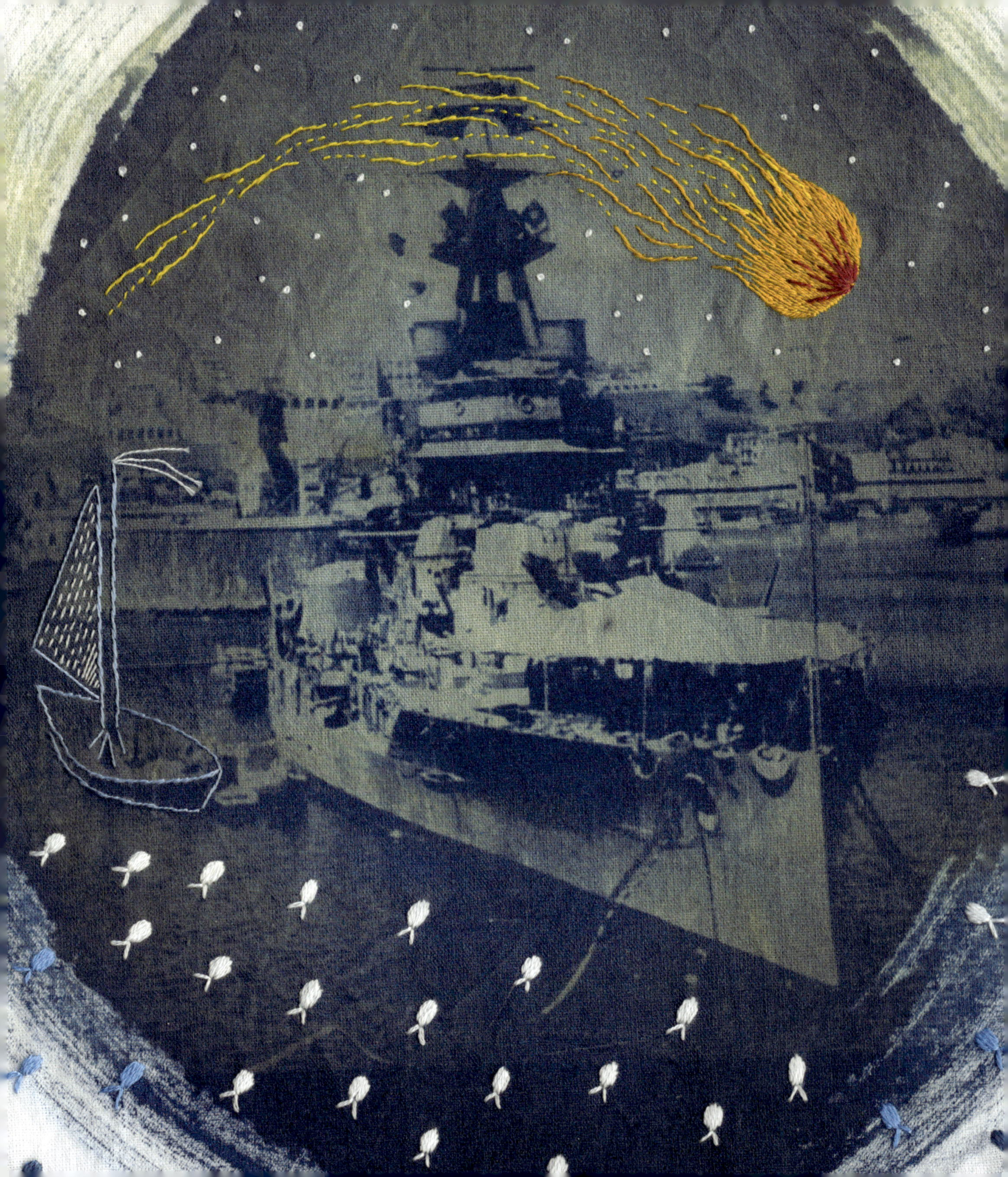

Uma revolta foi anunciada com o tiro
de um canhão.

## A Revolta da Chibata.

Quão longe aquela bala de canhão
poderia ir?

Quantas pessoas puderam ver o desenho
que ela traçou no céu daquele mar
da Baía de Guanabara?

Anunciado estava o feito no outro dia pela manhã.

Todos os jornais estampavam o rosto do João,
filho de escravizados.

O João Almirante Negro.

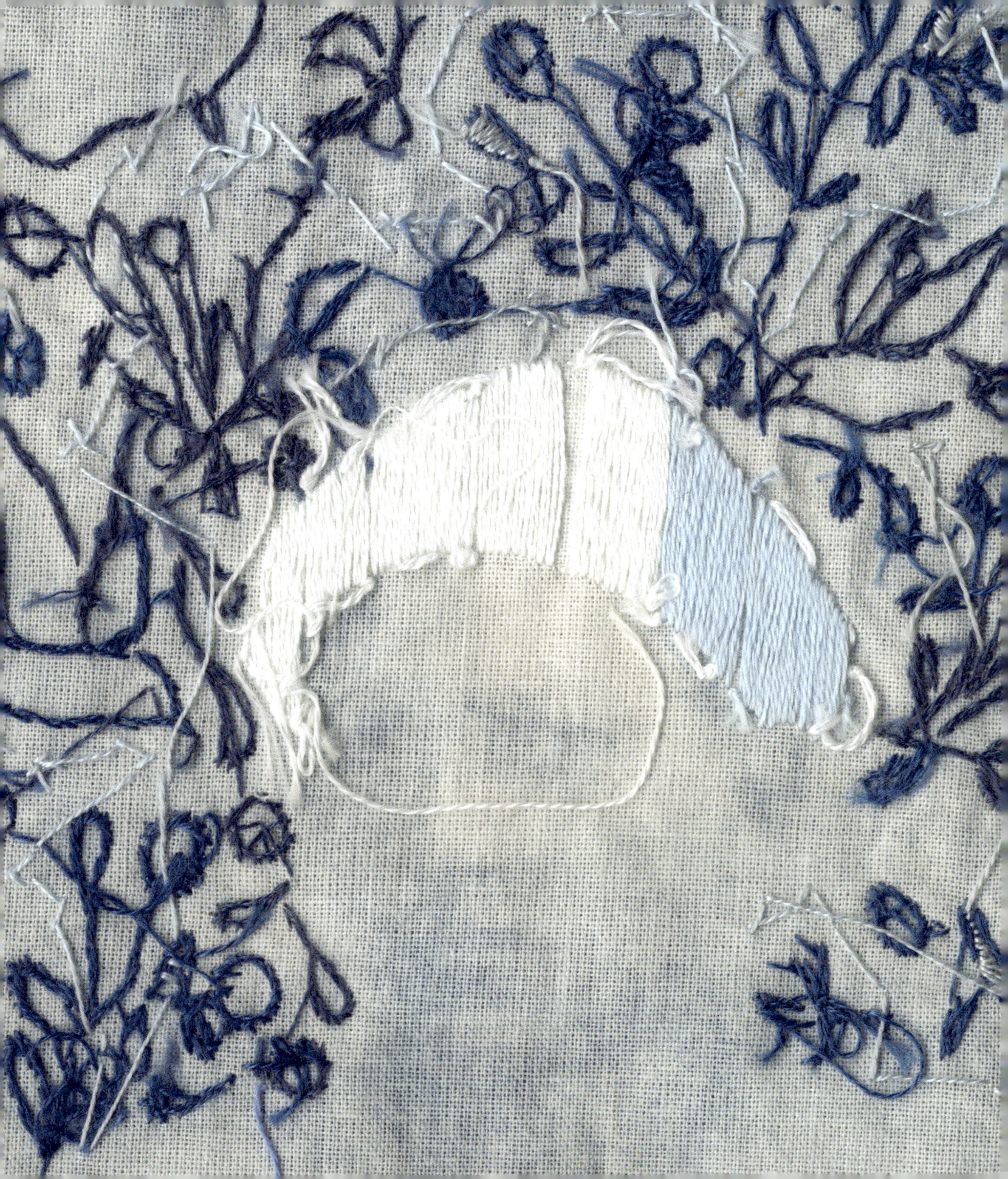

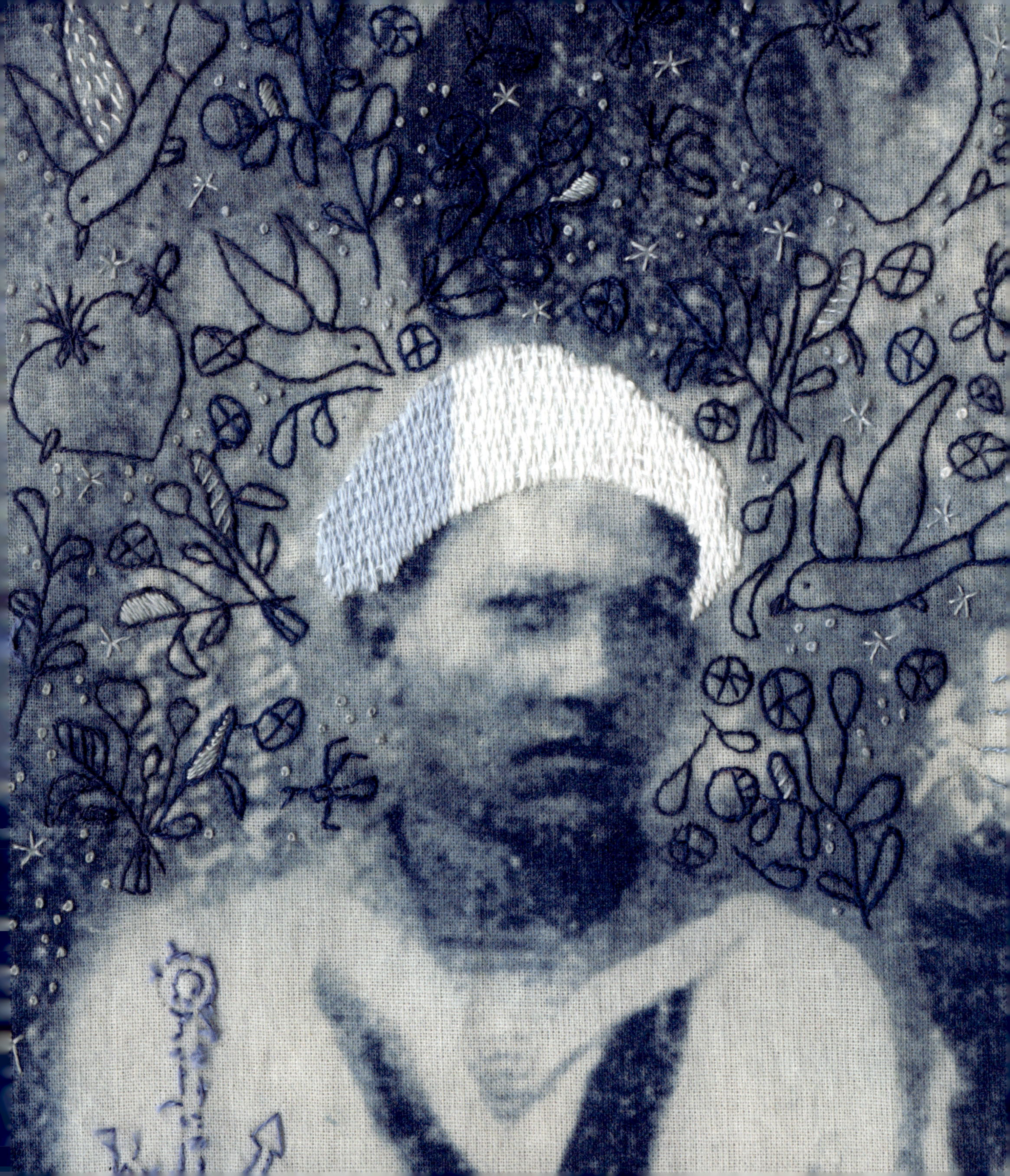

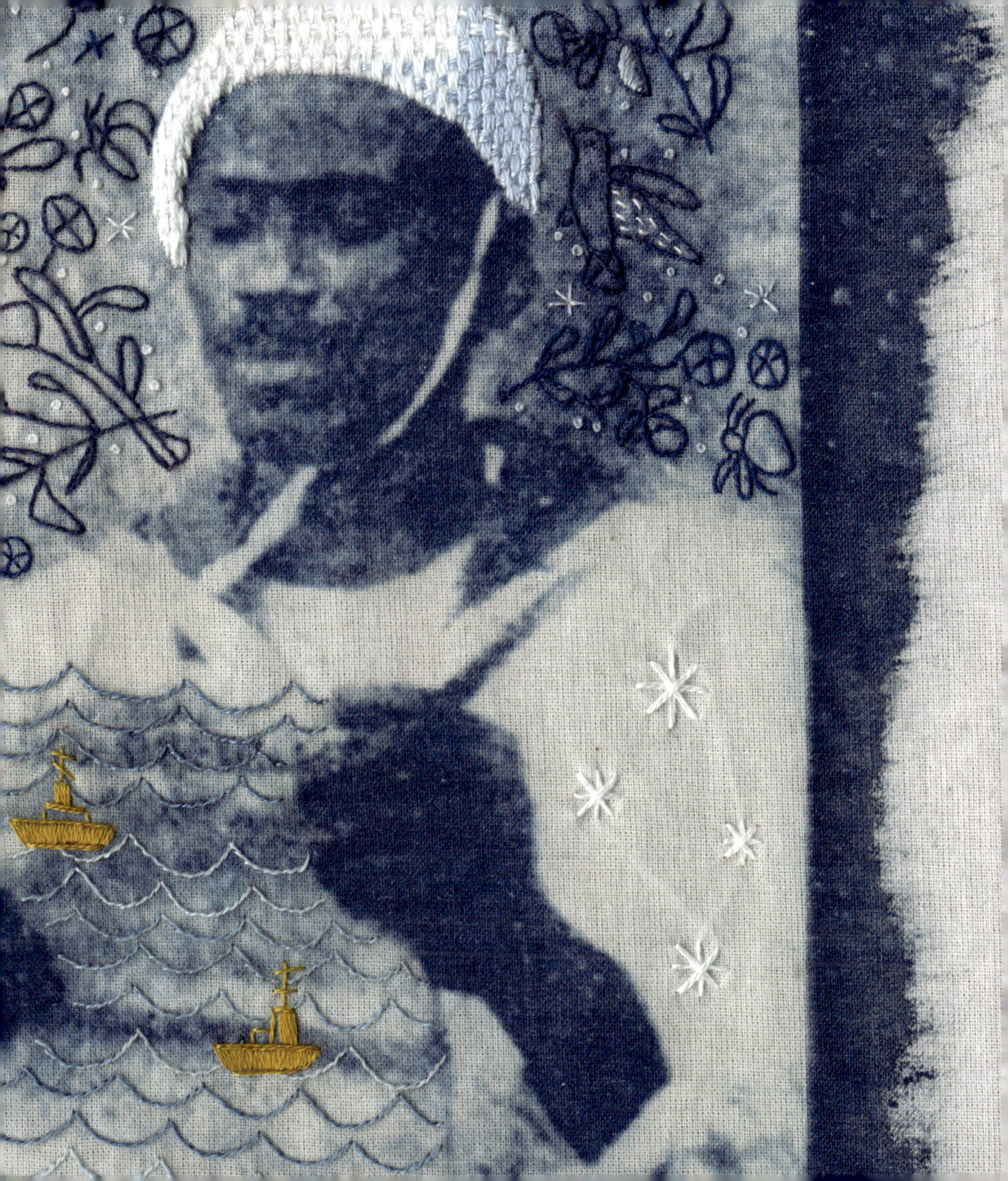

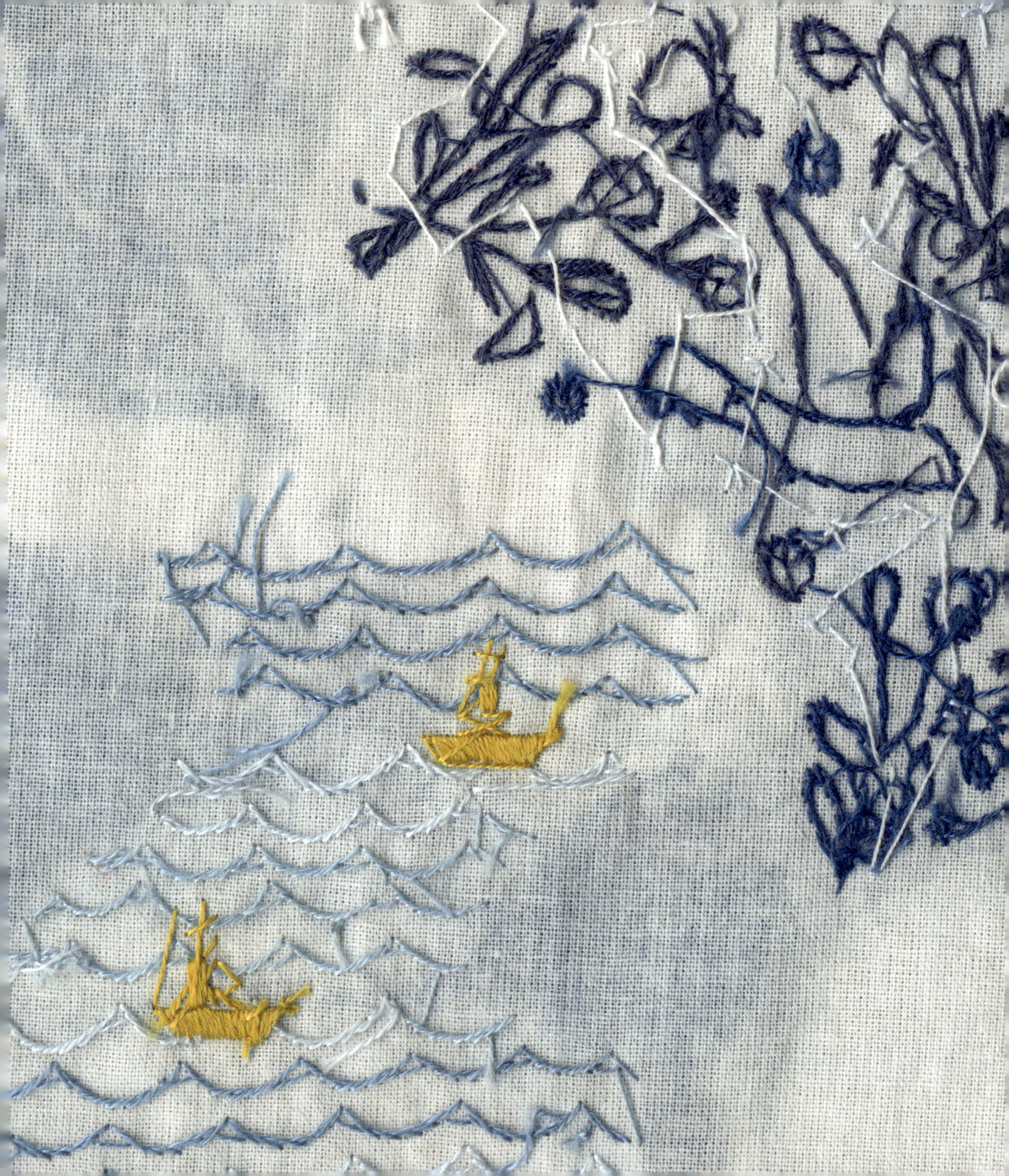

Mas o mar tem seus redemoinhos e uma grande neblina turvou a visão de muitas pessoas.

Medo e fascínio se misturaram na manipulação da opinião popular, e a revolta foi neutralizada.

Expulso da Marinha e afastado do mar,
o Almirante Negro foi levado com outros rebeldes
para uma prisão na Ilha das Cobras.

Passados dezoito meses, apenas dois
saíram com vida, um deles João.

O que pode matar o sonho de um marinheiro?

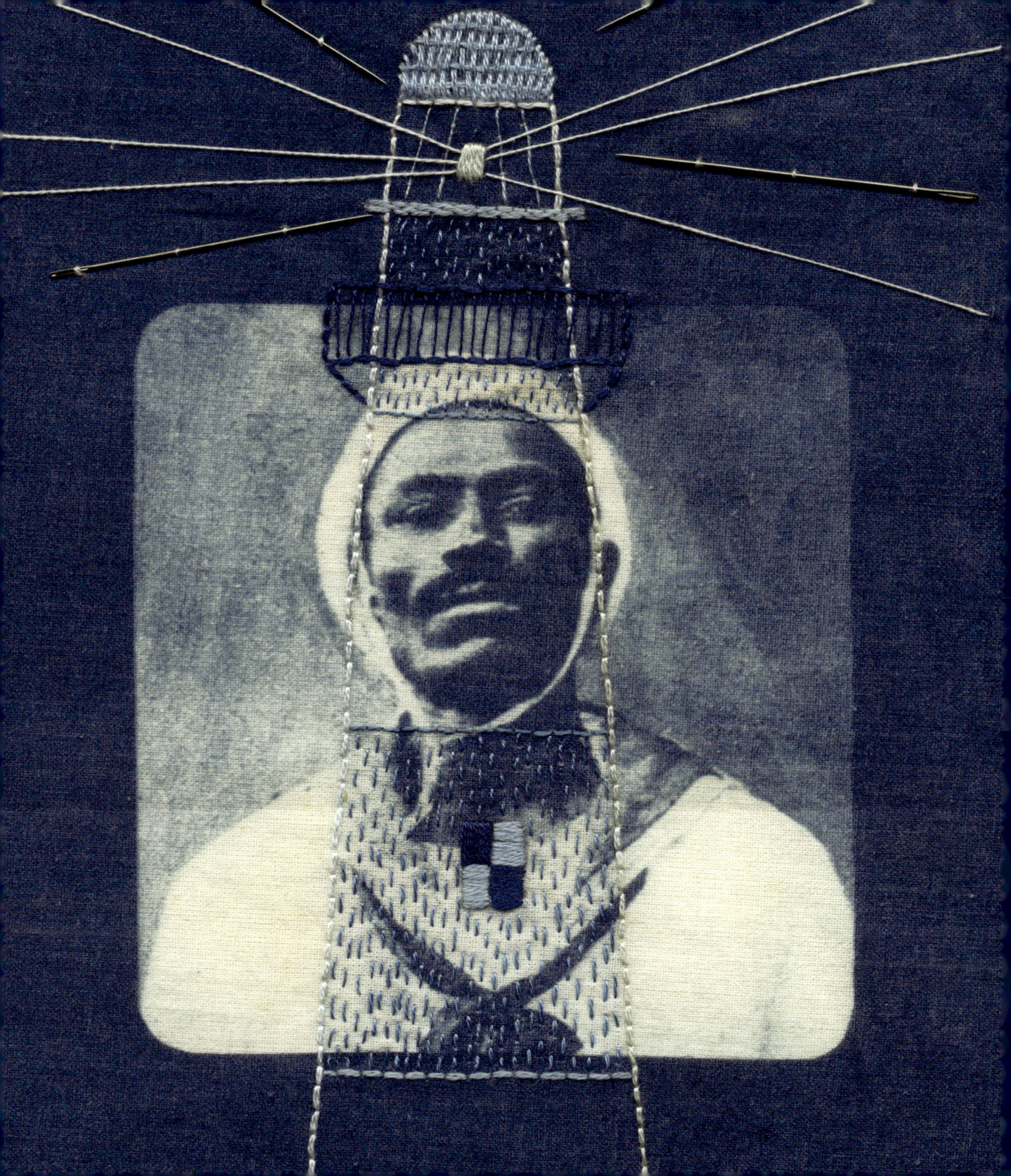

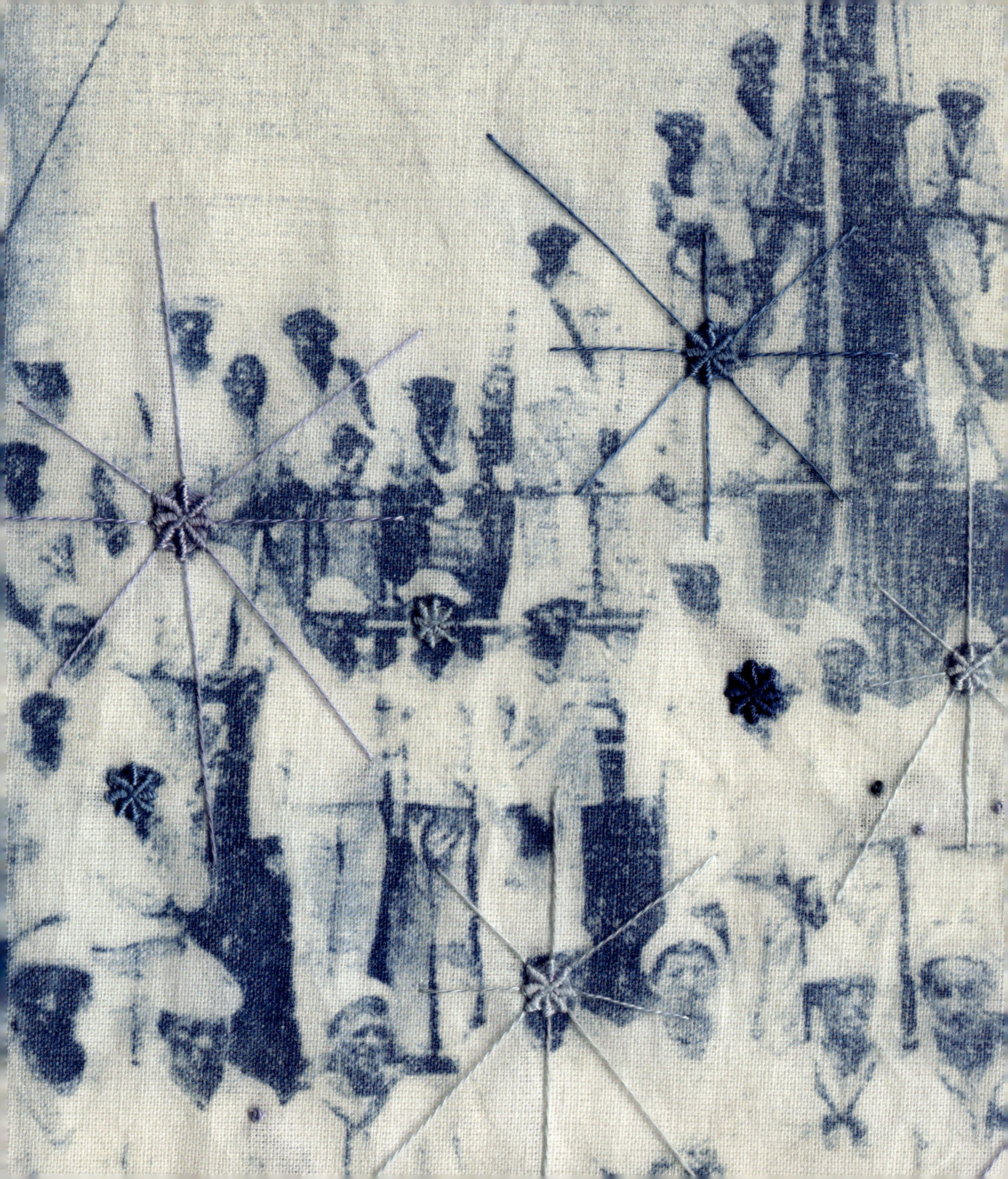

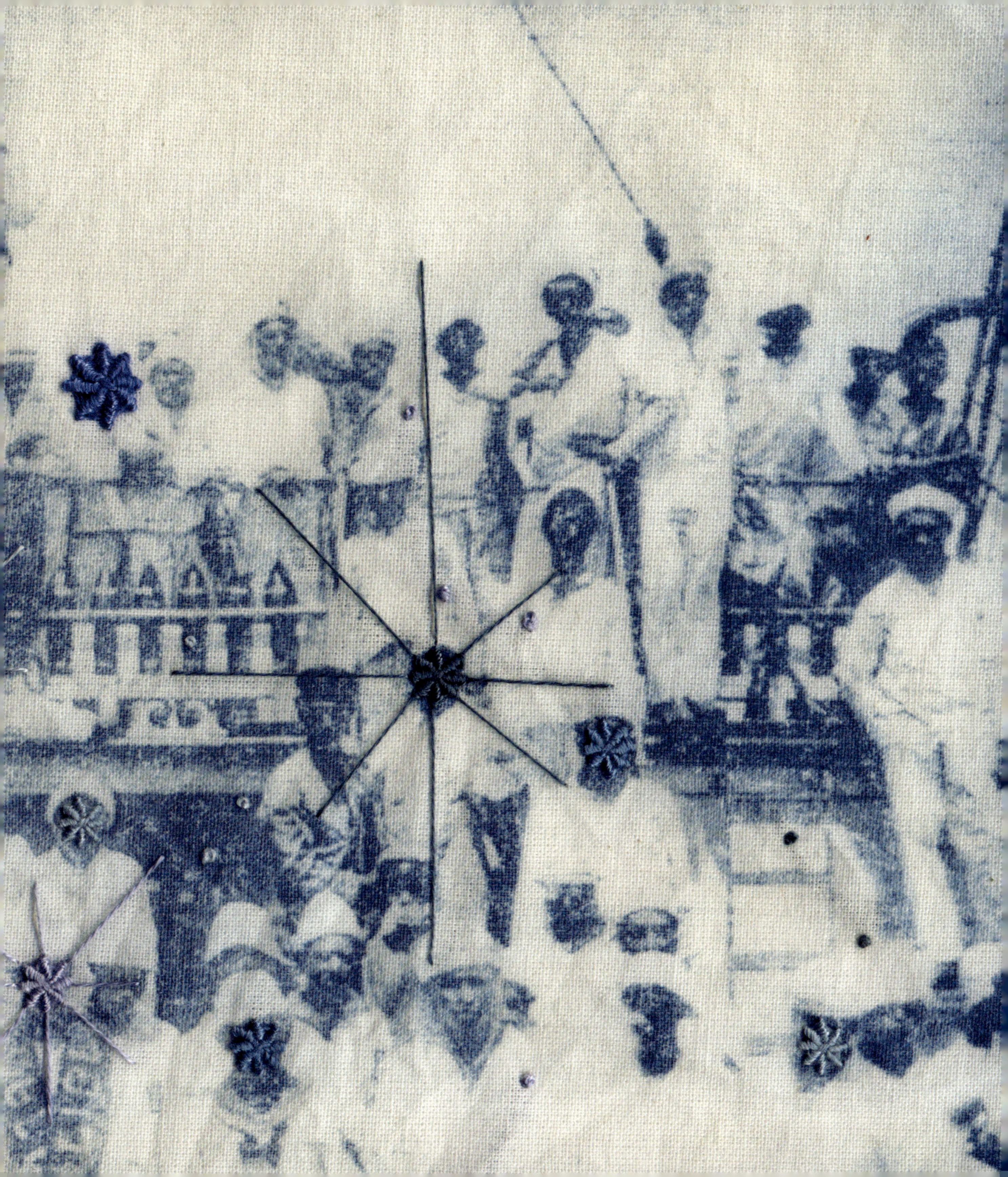

Tempos de tristeza, retidão e saudade
o conduziram a bordar imagens em lenços,
que também nos contam sobre essa história.

Internado em um manicômio
por falta de compreensão?
O que nos faltou entender sobre
a fúria e os desejos de João?

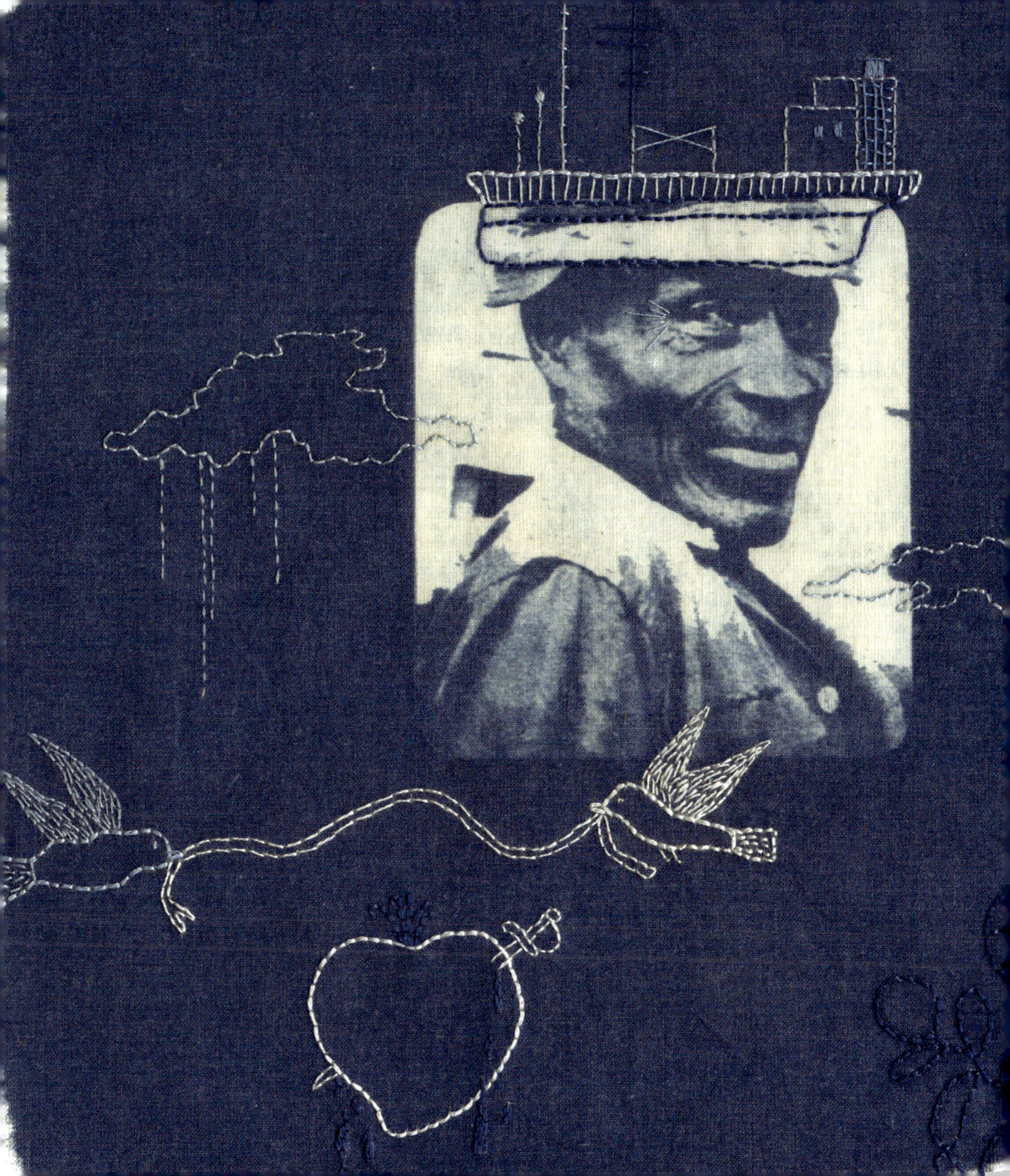

Acontece que a bala
disparada por aquele canhão
mudou a direção da história.

O final ainda não estava
arrematado.

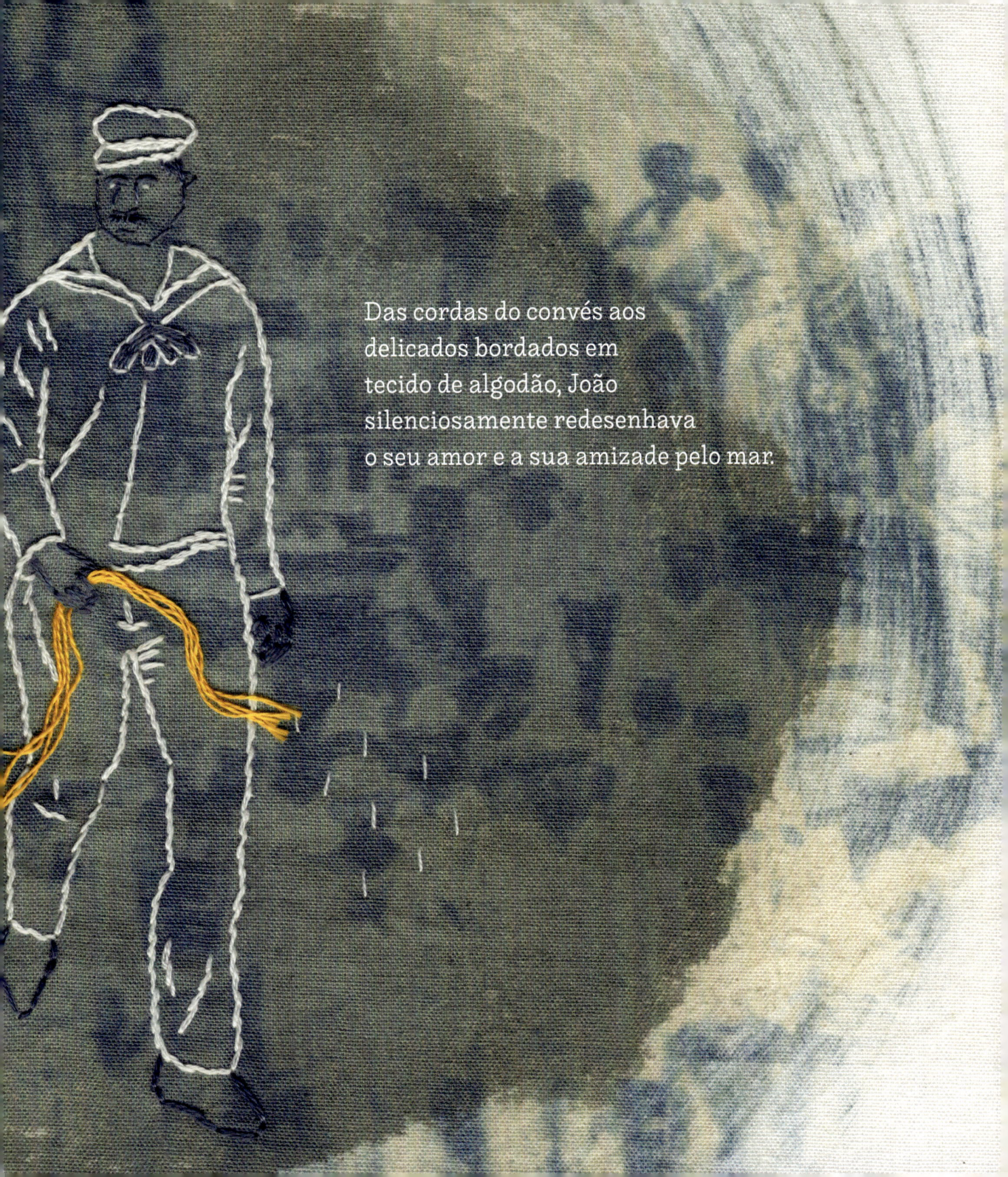

Das cordas do convés aos delicados bordados em tecido de algodão, João silenciosamente redesenhava o seu amor e a sua amizade pelo mar.

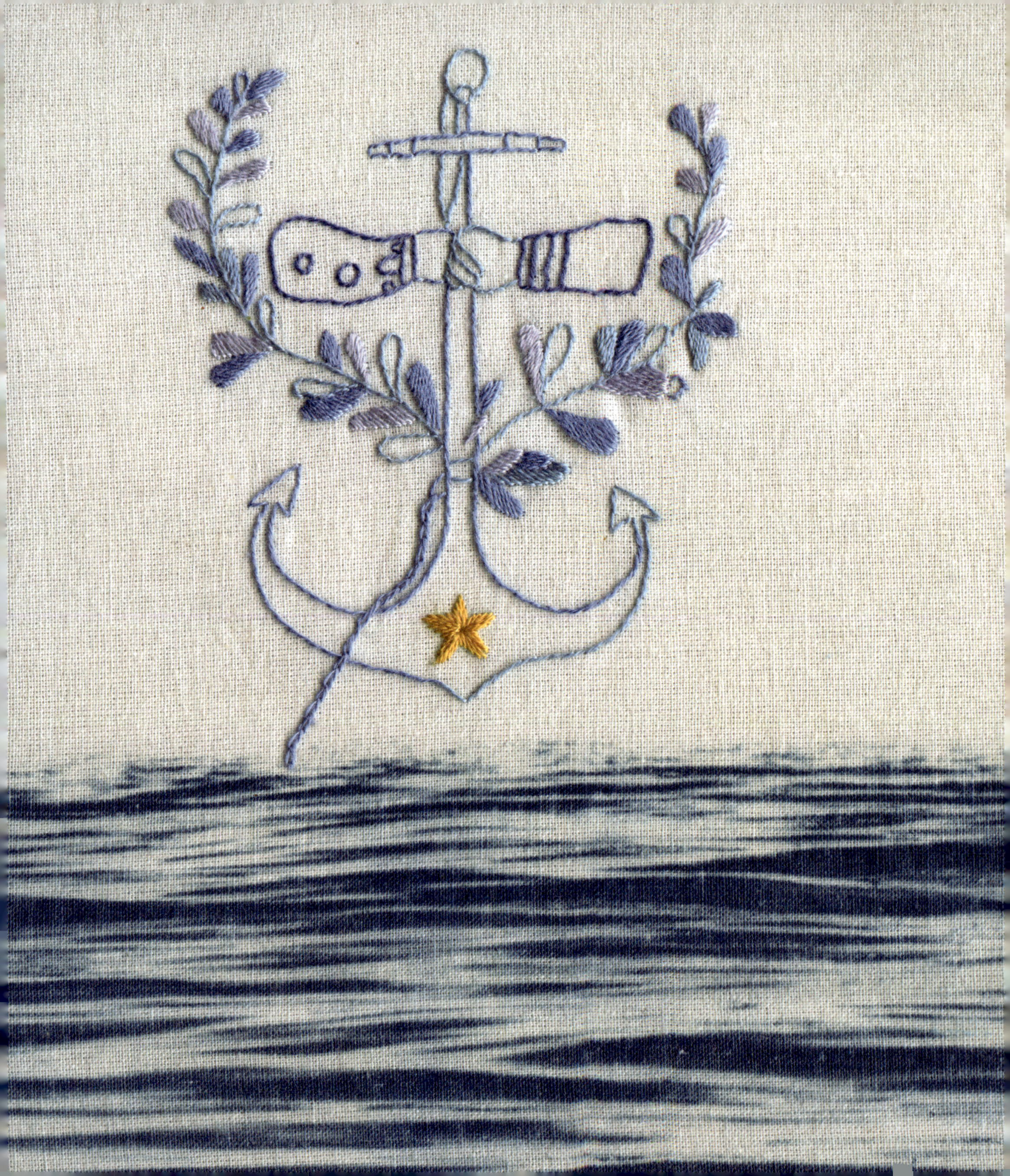

Dos castigos corporais as peles
negras não esquecem.

A revolta revelou a dor e a injustiça, mas
também nos apresentou nomes, rostos,
falas e gestos de pessoas anônimas que
nutriram o sonho de mudança.

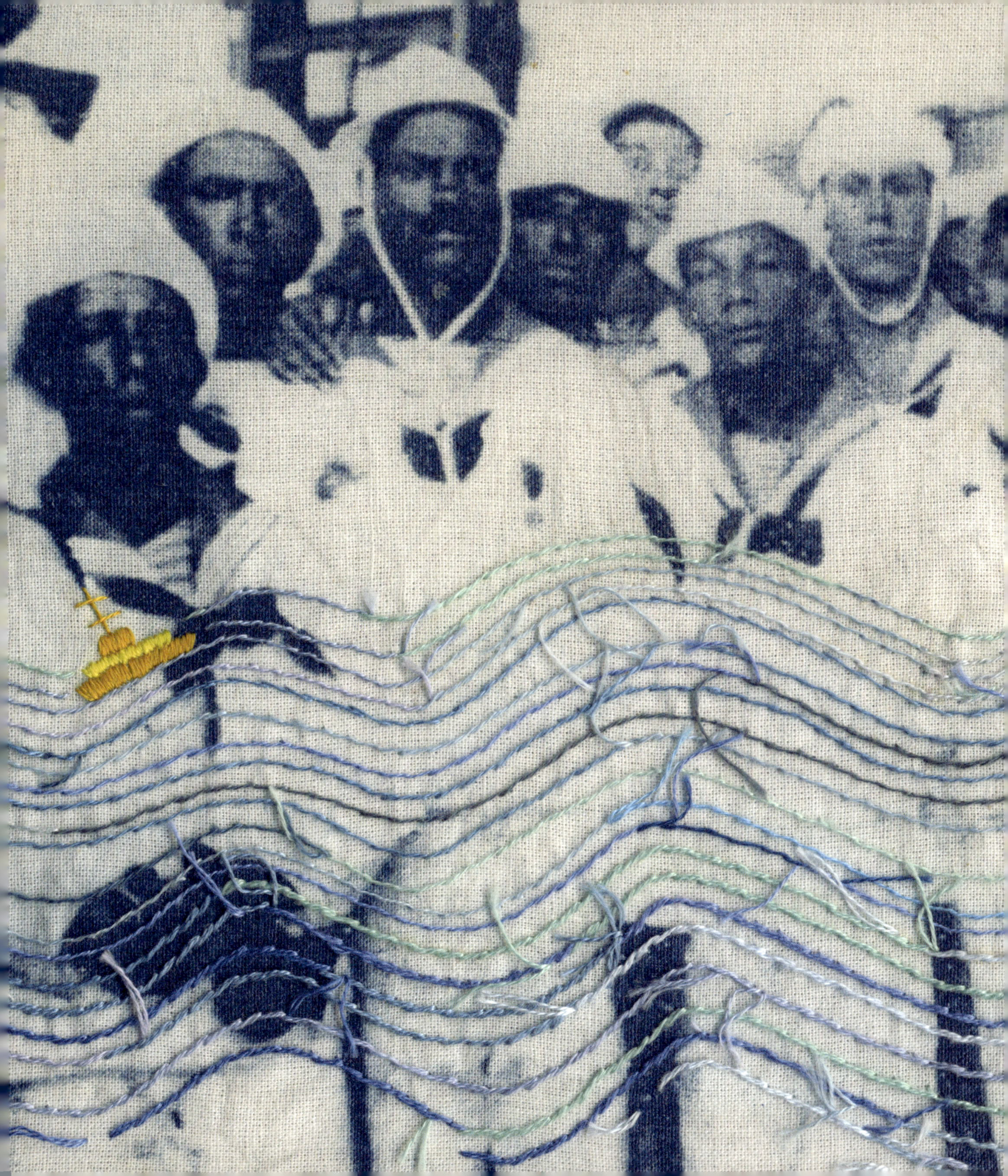

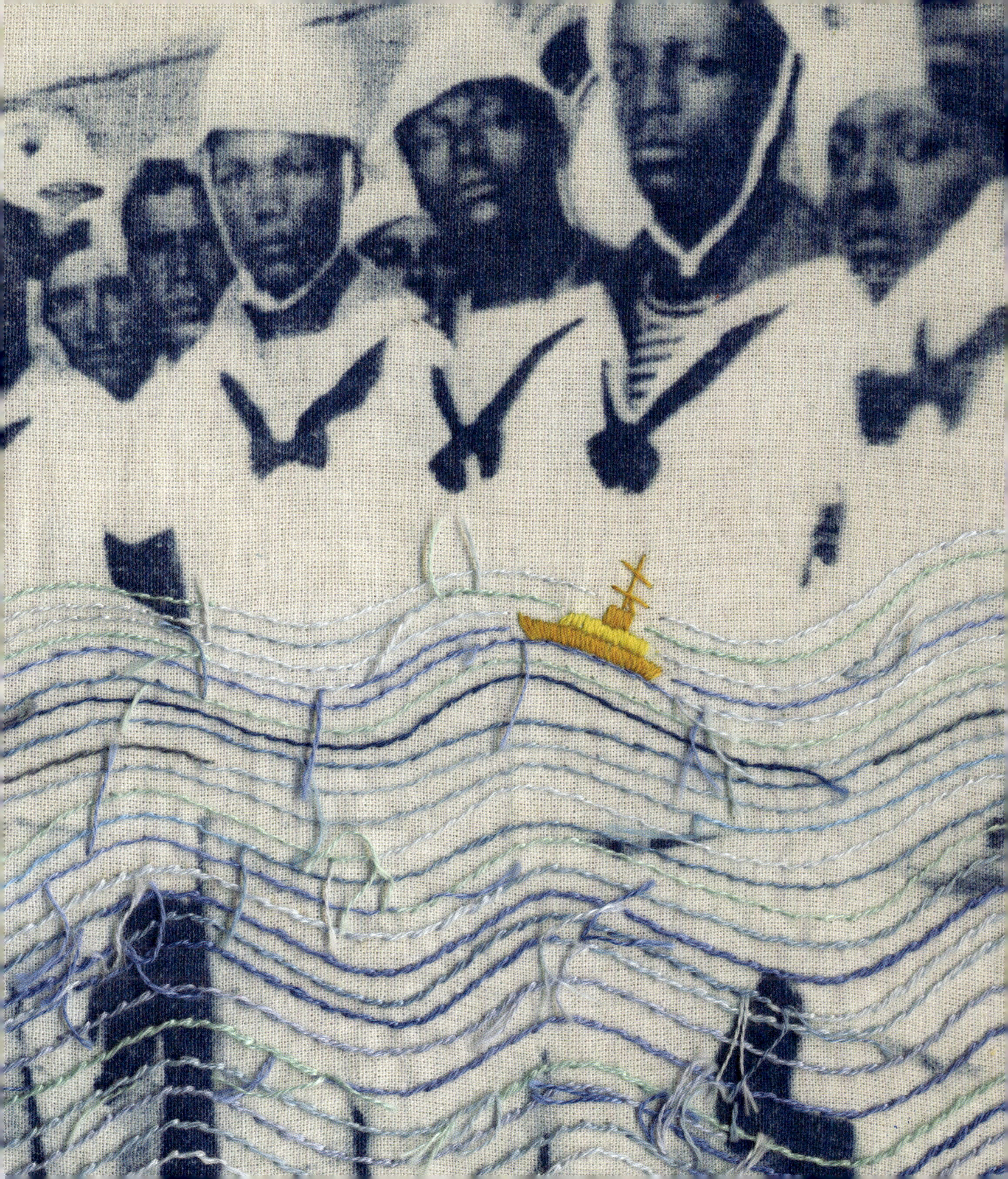

A história de João é uma das cantigas marítimas de uma diáspora que não deixou de acontecer.

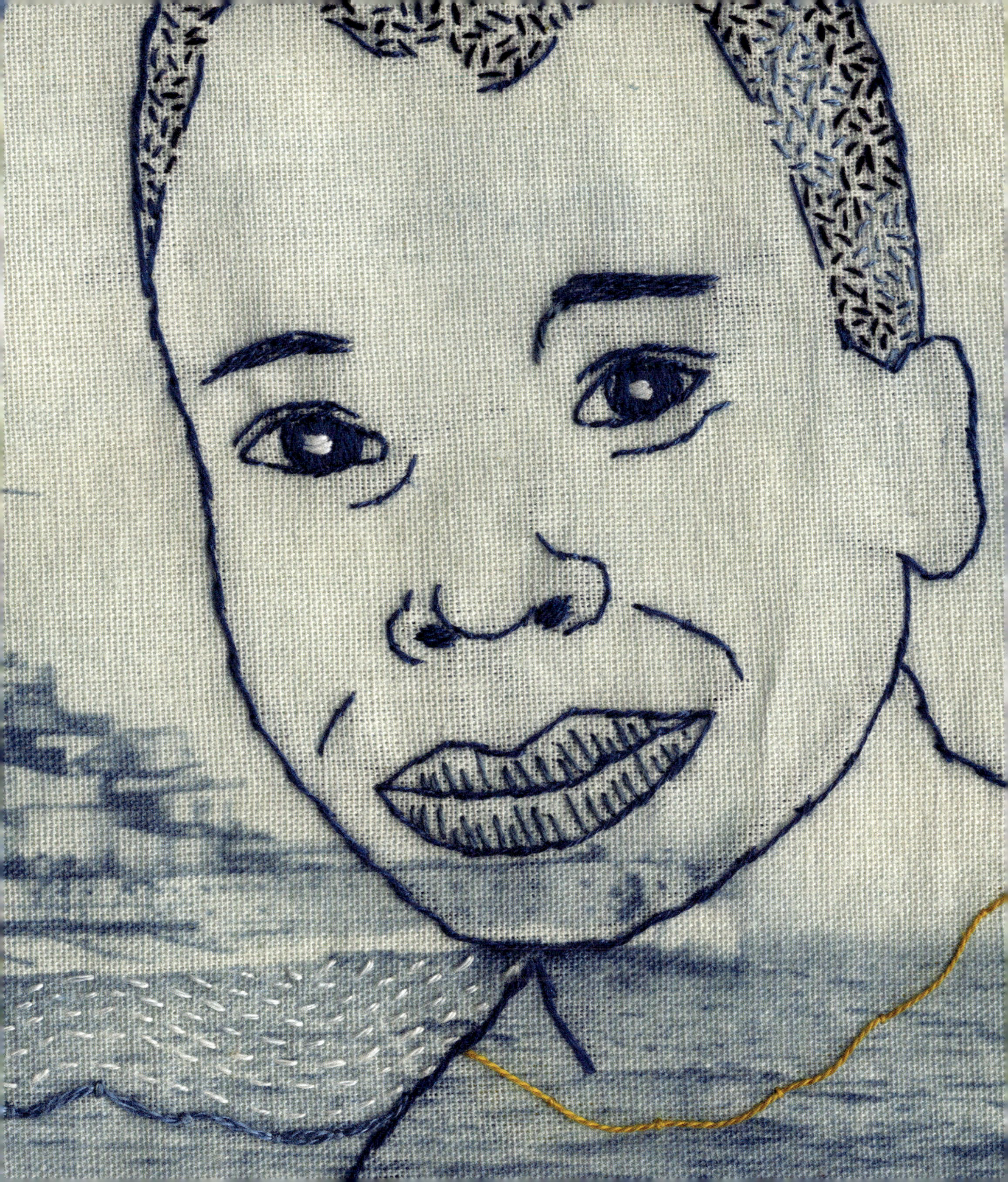

O aprendizado vem das águas do mar,

da memória do mar,

dos sonhos do mar,

das batalhas do mar.

# A REVOLTA DA CHIBATA E JOÃO CÂNDIDO

João Cândido Felisberto nasceu em 1880, no Rio Grande do Sul. Era filho de escravizados, mas era livre porque nasceu depois da promulgação da Lei do Ventre Livre.

Em 1889, um ano após o fim da escravidão, foi proclamada a República. Nos anos seguintes, ocorreram conflitos entre monarquistas e republicanos.

João Cândido lutou em 1893 na Revolução Federalista, no Rio Grande do Sul, e em 1894 estava no Arsenal de Guerra do Exército.

Em 1895, João entrou para a Escola de Aprendizes Marinheiros, em Porto Alegre, e foi mandado para a 16ª Companhia da Marinha, no Rio de Janeiro. Nos 15 anos seguintes, serviu em diversos navios, foi a vários países e exerceu diferentes funções.

Na época, os marinheiros, na maioria negros e pobres, serviam por tempo muito longo, com soldo muito baixo, alimentação péssima e sofriam castigos físicos. Mas os marujos brasileiros viram que, em vários países, não havia mais castigos físicos, e os marinheiros se organizavam por melhores condições de trabalho.

Em 21 de novembro de 1910, um marujo do encouraçado Minas Gerais foi chicoteado. No dia seguinte, 22 de novembro, os marinheiros do navio se rebelaram e dominaram o cruzador Bahia e os encouraçados São Paulo e Deodoro. Era o início da Revolta da Chibata.

No dia 23, os revoltosos, liderador por João Cândido, criaram um comitê para mandar suas reivindicações ao presidente. No dia 24, o Senado aprovou a anistia dos revoltosos, que, no dia 27, liberaram os navios. João Cândido ganhou o apelido de Almirante Negro.

Em 9 de dezembro, João Cândido e outros líderes da Revolta da Chibata foram presos, acusados de participar da Revolta do Batalhão Naval da Ilha das Cobras. Em abril de 1911, João Cândido foi mandado para o Hospital dos Alienados; voltou em junho para a prisão, onde ficou até o julgamento, em setembro de 1912.

João foi absolvido, mas foi expulso da Marinha.

Em 1917, após trabalhar como estivador no Porto do Rio de Janeiro, João tornou-se pescador. Assim viveu com a família, em extrema pobreza, até morrer em 1969.

Em 24 de julho de 2008, João Cândido foi anistiado, mas sem indenização reparatória pelo governo.

Em 2021, seus bordados foram expostos na Bienal de Arte de São Paulo.

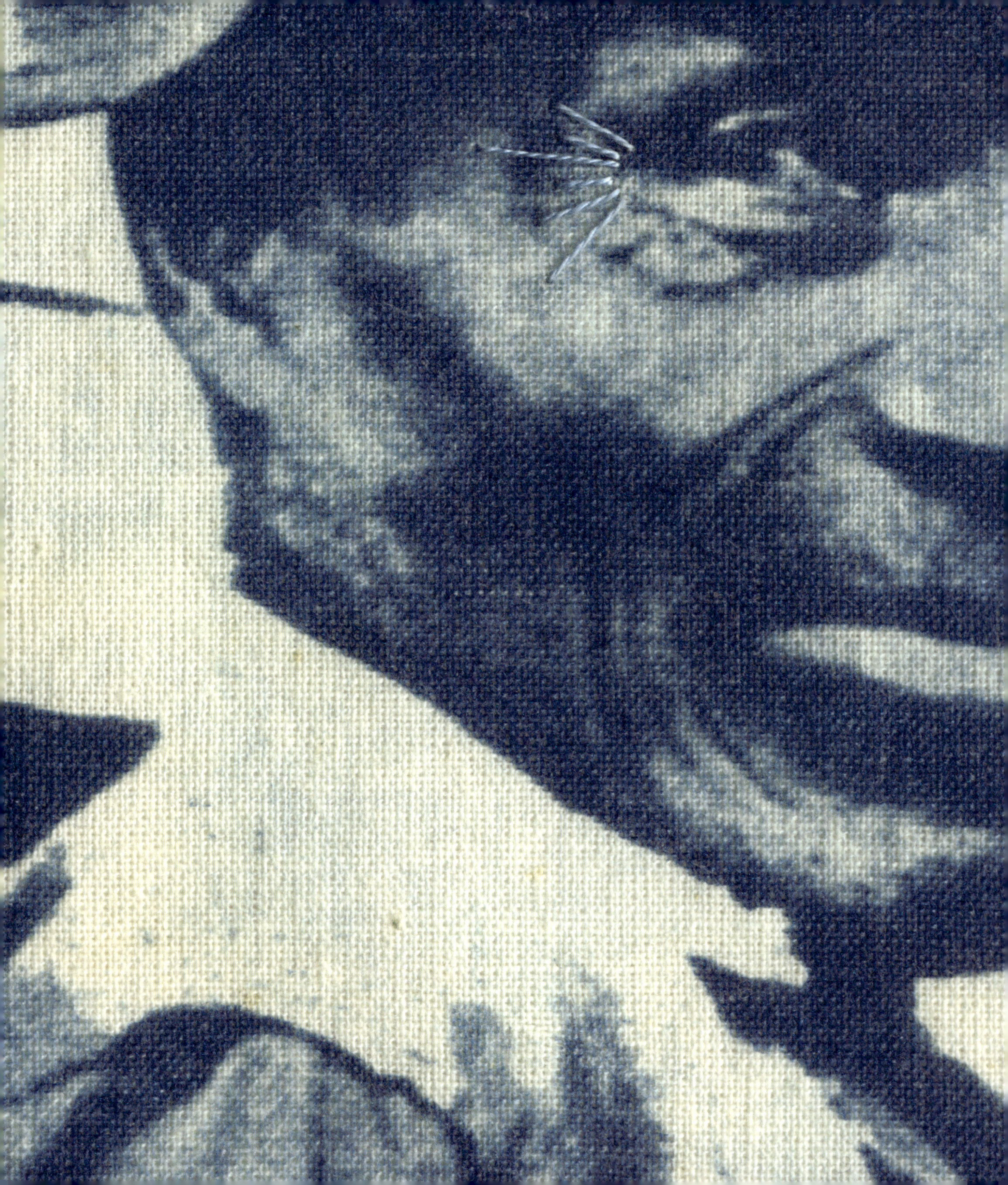

## ENTRE BAÍAS

Entre nós, alinhavos. 1.206 quilômetros é a distância entre nossas baías. De um lado a Guanabara e do outro a Kirimurê – Baía de Todos os Santos.

João furou a trama estática de um tecido. A agulha afiada abriu um buraco, e no seu rastro veio a beleza da linha que pousou e contou histórias.

Nasci 10 anos depois da morte dele.

Essas imagens existem para registrar o dia em que encontrei João.

Sentamos em um cais sem despedidas... Também não esperávamos por nenhum barco. Ele me mostrou fotos, me ensinou pontos e me contou detalhes.

Bordei esse momento.

Entre a impressão fotográfica em cianotipia e o devaneio têxtil, duas técnicas, dois tempos, duas vidas e relações possíveis.

O mar também é minha amiga.

Flávia Bomfim

Este livro foi finalizado no bravo mês de agosto de 2022 que,
em sua primeira quinzena é regido pela lua crescente,
quando a maré tem uma ligeira elevação e demonstra calmaria.

... que seus olhos se realizem...

1ª edição • 1ª reimpressão
Impresso em abril de 2024, na Gráfica Ipsis, em São Paulo.
O papel do miolo é o offset 150g/m², e o da capa é o cartão 250g/m².
As famílias tipográficas utilizadas são a LiebeRuth e a Helvetica.

**DE MARINHEIROS**
LETAS SOBRE OS ACONTECIMENTO
O "MINAS GERAES" E OUTROS OFFICIAES MORTOS
OS E MORTOS EM TERRA
VIDENCIAS DO GOVERNO